윈스턴 처칠

일러두기

1. 이 시리즈는 영국 Franklin Watts 출판사의 「Famous People Famous Lives」 시리즈를 기반으로 국내 창작물을 덧붙인 초등학교 저학년 대상의 인물 이야기입니다.
2. 초등학교 저학년이 이해하기 힘든 사건이나 사실들은 편집부에서 설명을 덧붙였습니다.
3. 사람 이름이나 지역 이름 등 외국에서 들어온 말은 국립 국어원의 외래어 표기법을 따랐습니다.

Famous People Famous Lives
WINSTON CHURCHILL
by Harriet Castor and illustrated by Lynne Willey

Text Copyright ⓒ 2000 by Harriet Castor
Illustrations Copyright ⓒ 2000 by Lynne Willey
All rights reserved.

Korean Translation Copyright ⓒ 2008 by BIR Publishing Co., Ltd.
Korean translation edition is published by arrangement with Franklin Watts,
a division of the Watts Publishing Group Ltd. through Imprima Korea Agency.

이 책의 한국어판 저작권은 Imprima Korea Agency를 통해 저작권사와 독점 계약한 **(주)비룡소**에 있습니다.
저작권법에 의해 한국 내에서 보호를 받는 저작물이므로 무단 전재와 무단 복제를 금합니다.

윈스턴 처칠

해리엇 캐스터 글 린 윌리 그림 맹주열 옮김

비룡소

　1874년 겨울, 영국 옥스퍼드셔에서 한 사내아이가 태어났어요. 이름 있는 귀족 집안에서 태어난 아이는 '윈스턴 레너드 스펜서 처칠'이라는 긴 이름으로 불렸지요.

유명한 정치가였던 처칠의 아버지는 집을 비울 때가 많았어요. 어머니도 이런저런 모임에 나가느라 늘 정신이 없었지요. 처칠은 바쁜 부모님 대신 다정한 유모의 손에 자랐어요.

일곱 살 때 처칠은 세인트 제임스 학교에 들어갔어요. 공부하기를 싫어한 처칠은 반에서 꼴찌를 할 때가 많았지요. 그다음에 들어간 해로 학교에서도 마찬가지였어요. 특히 라틴어와 고대 그리스어에는 어지간히 애를 먹었지요. 처칠은 자신보다 어린 학생들과 같은 문장을 몇 번이나 더 외워야 했어요.

처칠의 아버지는 처칠이 변호사가 되기를 바랐어요. 하지만 처칠은 성적이 좋지 않아서 변호사 되기를 포기해야 했지요. 대신 그는 군인이 되기로 했어요. 장난감 병정으로 하는 전쟁놀이를 좋아했거든요.
샌드허스트 육군 사관 학교의 입학시험은 어렵기로 유명했어요. 처칠은 시험에 두 번이나 떨어진 뒤에야 겨우 사관 학교에 들어갈 수 있었지요.

사관 학교 생활은 퍽 마음에 들었어요. 군사 작전을 짜고 무기 다루는 법을 배우는 수업들은 라틴어 수업과는 비교도 안 될 만큼 재미있었지요. 그러다 보니 성적도 많이 올랐어요. 자신감이 붙은 처칠은 더욱 열심히 공부했어요. 수업 사이사이에 책도 많이 읽고요. 언젠가는 나라를 위해 큰일을 하는 훌륭한 사람이 되고 싶었거든요.

1899년, 남아프리카에서 보어 전쟁이 일어났어요. 영국이 남아프리카에 보어인(남아프리카 지역의 네덜란드계 백인)들이 세운 트란스발 공화국과 오렌지 자유국에 쳐들어가서 벌어진 전쟁이에요.

　당시 군대에서 제대한 상태였던 처칠은 《모닝 포스트》 신문의 기자가 되어 보어 전쟁을 취재하러 갔어요. 그런데 처칠이 탄 기차가 보어인들의 공격을 받았지요. 처칠은 부상당한 군인들을 돕다가 보어인들의 포로가 되고 말았어요.

처칠은 프리토리아의 포로수용소에서 죽을힘을 다해 도망쳤어요. 나침반도, 지도도, 돈도 없었지만 무작정 산길을 따라 달렸지요.

얼마쯤 가자 석탄을 가득 실은 화물 열차가 눈에 띄었어요. 처칠은 열차에 몸을 숨긴 채 무사히 보어인들의 땅을 벗어났어요.

 처칠은 포로로 잡힌 지 팔 개월 만에 영국으로 돌아갔어요. 이 사건으로 처칠은 영국에서 무척 유명해졌지요.

이듬해 처칠은 선거에 나가 하원 의원으로 뽑혔어요. 아버지처럼 정치인이 된 거예요.

영국 의회에는 왕족이나 귀족의 대표인 상원 의원과 국민이 직접 뽑은 하원 의원이 있었어요. 처칠은 이름난 귀족 가문 출신이었지만, 선거를 통해 당당히 하원 의원이 되었지요.

당시 영국에는 보수당과 자유당이라는 두 개의 큰 정당이 있었어요. 처칠은 보수당의 하원 의원이었지만, 보수당의 정책에 반대하는 일이 많았어요. 결국 1904년, 처칠은 보수당에서 자유당으로 정당을 옮겼지요.

그즈음 처칠에게 중요한 사건이 하나 더 일어났어요. 클레멘타인이라는 아가씨에게 한눈에 반한 거예요. 의회에서는 누구보다 당당한 처칠이었지만, 클레멘타인 앞에서는 아무 말 못 하고 끙끙 앓기만 했어요.

한참을 망설인 끝에야 처칠은 용기를 냈어요. 다행히 클레멘타인은 처칠의 고백을 기쁘게 받아들였지요. 1908년에 두 사람은 많은 사람의 축복 속에서 행복한 결혼식을 올렸어요.

1911년 10월에 처칠은 해군 장관이 되었어요.

그 무렵 영국, 독일, 프랑스 같은 유럽 나라들은 아시아와 아프리카에서 더 많은 땅을 차지하기 위해 힘을 겨루고 있었어요. 처칠은 머지않아 유럽에서 전쟁이 일어날 거라고 생각했어요. 그래서 해군 장관이 되자마자 군대를 훈련시키고 무기를 개발하라고 명령했지요.

처칠의 생각이 맞았어요. 1914년에 독일, 오스트리아, 이탈리아의 삼국 동맹과 영국, 프랑스, 러시아의 삼국 협상이 대립하여 제1차 세계 대전이 일어난 거예요.

8월에 독일이 프랑스를 공격하자, 영국은 프랑스와 함께 독일에 맞서 싸우기로 했어요.

처칠은 전쟁을 빨리 끝낼 수 있는 방법을 골똘히 생각했어요. 결국 가장 먼저 터키를 공격하기로 했지요. 터키가 지배하고 있는 다르다넬스 해협을 차지하면 독일에 큰 타격을 입힐 수 있을 뿐 아니라, 영국과 한편인 러시아를 도울 수 있었거든요.

하지만 다르다넬스 작전이라 이름 붙은 이 작전은 실패로 끝나고 말았어요. 수십만 명의 영국 군인들이 죽거나 다쳤고, 처칠은 궁지에 몰렸지요.

　사실 다르다넬스 작전은 여러 사람이 함께 결정한 작전이었어요. 하지만 사람들은 모두 처칠에게만 손가락질을 했지요. 처칠은 작전 실패의 책임을 지고 해군 장관 자리에서 물러났어요.

해군 장관을 그만둔 처칠은 다시 전쟁터로 돌아가기로 마음먹었어요. 온 국민이 전쟁으로 힘들어 하는데 가만히 앉아 있을 수만은 없었지요. 가족과 친구들이 위험하다며 말렸지만, 처칠은 가장 위험한 전쟁터인 프랑스로 갔어요.

전쟁은 시간이 갈수록 끔찍해졌어요. 매일 수많은 사람이 다치거나 목숨을 잃었어요. 처칠은 군대를 추스르고, 군인들에게 용기를 불어넣기 위해 잠시도 쉬지 않고 이곳저곳을 뛰어다녔어요.

얼마 후 처칠은 다시 영국으로 불려 갔어요. 처칠처럼 뛰어난 지도자를 그냥 내버려 둘 수 없다고 생각하는 사람이 많았거든요. 처칠은 전쟁에 필요한 물건들을 준비하는 군수 장관이 되었어요.

처음에 군수부 직원들은 처칠을 못마땅해했어요. 처칠도 그런 분위기를 잘 알았지요. 하지만 아무 말 않고 묵묵히 할 일을 했어요. 일에 쫓겨 식사를 거르거나 사무실에서 새우잠을 자는 일이 흔했지요.

군수 장관으로 있는 동안 처칠은 전차를 비롯해 새로운 무기를 많이 만들었어요. 이런 무기들은 영국이 전쟁에서 승리하는 데 큰 도움이 되었지요. 군수부 직원들도 점점 처칠을 믿고 따랐어요.

새로운 무기를 더 많이 개발해야 합니다!

1918년에 독일이 항복하면서 마침내 제1차 세계 대전이 끝났어요. 하지만 전쟁이 끝난 후에도 처칠은 힘든 시간을 보내야 했어요. 선거에서 잇달아 떨어졌을 뿐 아니라, 자유당에 속한 다른 의원들과 의견이 달라 다툴 때가 많았거든요.

1924년 11월, 처칠은 선거에서 뽑혀 다시 하원 의원이 되었어요. 그리고 이듬해에는 자유당을 나와 보수당으로 돌아갔지요.

그 무렵 독일에서는 히틀러가 권력을 잡았어요. 1934년에 독일 총통이 된 히틀러는 유럽 다른 나라들의 반대에도 불구하고 무기를 개발하고 군대를 늘렸지요.

처칠은 히틀러가 전쟁을 일으킬지 모르니 준비를 해야 한다고 주장했어요. 하지만 영국 정부는 처칠의 말을 들으려고 하지 않았지요. 전쟁에 대비해 무기를 만들고 군대를 훈련시키려면 어마어마한 돈이 들었거든요.

1938년, 히틀러가 이끄는 독일군이 오스트리아에 쳐들어갔어요. 처칠은 이대로 히틀러를 내버려 두면 영국에 큰 위협이 될 거라고 생각했어요. 그래서 다른 유럽 국가들과 협정을 맺고 독일에 맞서야 한다고 영국 정부에 말했지요.

하지만 영국 정부는 처칠의 경고를 무시했어요. 영국은 오스트리아를 돕지도, 다른 나라와 협정을 맺지도 않았지요.

그러는 사이 히틀러는 오스트리아에 이어 체코슬로바키아(체코와 슬로바키아가 합쳐진 옛 나라의 이름)까지 공격했어요. 처칠은 다시 독일에 맞서 싸우자고 주장했지만 아무도 듣지 않았어요. 영국의 체임벌린 수상은 영국이 히틀러의 요구를 어느 정도 들어주면 전쟁을 피할 수 있을 거라고 생각했지요.

1939년에 히틀러가 폴란드를 공격하자, 영국은 더 이상 전쟁을 피할 수 없었어요.
 처칠을 전쟁광이라고 손가락질하던 사람들은 그제야 처칠이 옳았다는 것을 깨달았지요.

체임벌린 수상은 독일에 전쟁을 선포하고, 처칠을 해군 장관으로 임명했어요. 모두들 처칠이 돌아온 것을 기뻐했지요.

전쟁은 점점 커졌어요. 독일은 이탈리아, 일본과 손을 잡았고, 영국과 프랑스가 이에 맞섰어요.

1940년에 체임벌린 수상이 물러나자, 처칠은 영국의 새로운 수상이 되었어요. 처칠은 의회에 나가 이렇게 연설했지요.

"이 나라를 위해 내가 내놓을 것은 피와 땀과 눈물밖에 없습니다……."

처칠의 연설은 너무나 감동적이어서, 그를 싫어하는 사람들조차 박수를 보냈어요.

처칠은 전쟁 내내 의회와 라디오에서 숱하게 연설을 했어요. 본래 처칠은 말을 더듬는 버릇이 있었지만, 끊임없는 노력 끝에 최고의 연설가가 되었지요.

처칠의 연설은 영국 국민들의 가슴을 울렸어요. 또한 어려운 가운데에서도 영국이 독일에 맞설 수 있는 큰 힘이 되었지요.

하지만 상황은 갈수록 영국에 불리해졌어요. 독일군은 프랑스를 공격했고, 수도 파리를 빼앗긴 프랑스는 오래지 않아 독일에 항복하고 말았어요. 영국은 홀로 독일에 맞서야 했지요.

영국 사람들은 히틀러의 공격이 두려워 덜덜 떨었어요. 매일 밤 독일의 폭격기가 영국의 도시 곳곳에 폭탄을 떨어뜨렸어요. 영국 공군도 지지 않고 독일 폭격기를 쏘아 떨어뜨렸지만, 독일에 비하면 무기도 군대도 턱없이 모자랐지요.

처칠은 폭격당한 도시들을 찾아다니며 사람들의 용기를 북돋웠어요.

"우리는 반드시 승리할 것입니다."

처칠은 이렇게 말하며 손가락으로 브이(V)자를 만들어 보였어요. 브이 자는 승리를 뜻하는 영어 단어 빅토리(victory)의 머리글자를 딴 거였지요.

하지만 영국의 힘만으로는 히틀러를 이길 수 없었어요. 처칠은 미국의 루스벨트 대통령에게 수천 통의 편지와 전보를 보내 도와 달라고 부탁했어요.

처칠의 노력에도 불구하고 미국은 도통 전쟁에 참가하려고 하지 않았어요. 유럽에서 멀리 떨어져 있어서 전쟁으로 인한 피해가 거의 없었거든요.

그런데 1941년 12월, 일본이 미국의 진주만을 공격했어요. 이제 미국도 전쟁에 뛰어들지 않을 수 없었지요.

미국이 전쟁에 참여하면서 상황은 빠르게 바뀌었어요. 먼저 1943년에 이탈리아가 항복했어요.

1944년 6월에는 미국과 영국 연합군이 북프랑스의 노르망디 해안을 공격해 프랑스를 되찾았어요.

1945년 봄, 영국과 미국의 전투기들이 독일의 주요 도시에 일제히 폭탄을 떨어뜨렸어요. 독일은 결국 항복을 선언했지요.

"처칠 수상 만세!"

영국의 거리는 전쟁이 끝난 것을 기뻐하는 사람들로 가득 찼어요.

전쟁이 끝난 후에도 처칠은 여전히 바빴어요. 미국의 루스벨트 대통령, 소련(지금의 러시아)의 스탈린 주석과 함께 전쟁 뒤처리를 하고, 세계 평화를 유지할 방법에 대해 회의를 계속했거든요.

하지만 1945년의 총선거에서 처칠이 속한 보수당은 자유당에 지고 말았어요. 처칠은 히틀러로부터 영국을 구한 영웅이었지만, 영국 국민들은 보수당보다 자유당의 개혁 정책을 선택했지요.

처칠은 선거 결과에 기운이 빠졌어요. 하지만 우울해할 틈이 없었지요. 영국의 수상은 아니어도 여전히 보수당의 우두머리였으니까요. 틈틈이 『제2차 세계 대전』이라는 책도 써야 했어요. 이 책으로 처칠은 1953년에 노벨 문학상을 받았지요.

육 년 후, 보수당이 선거에서 승리했어요. 처칠은 일흔일곱 살의 나이에 다시 영국의 수상이 되었지요.

수상을 하기에는 나이가 너무 많다고 생각하는 사람들도 있었지만, 처칠의 지도력은 변함없이 뛰어났어요.

여든한 살 때 처칠은 수상 자리에서 물러났어요. 하지만 그 후에도 하원 의원으로서 의회 활동을 계속했지요. 처칠은 여든네 살에도 하원 의원에 뽑혀 '의회의 아버지'라고 불렸어요.

1965년 1월 24일, 처칠은 아흔한 살의 나이로 세상을 떠났어요. 수많은 사람이 런던의 템스강 주변에서 처칠의 장례 행렬을 보며 눈물을 흘렸어요. 두 번의 세계 대전으로부터 나라를 구한 위대한 지도자의 죽음을 다 함께 슬퍼한 거예요.

♣ 사진으로 보는 윈스턴 처칠 이야기 ♣

처칠의 모습이에요. 처칠은 스물여섯 살에 처음 하원 의원에 뽑혔어요.

영국의 의회 제도

의회는 의원들이 법을 만들고, 국가의 중요한 일들을 결정하는 기관이에요. 의회에는 크게 두 가지 제도가 있어요. 상원과 하원, 두 개의 조직으로 구성되는 '양원제'와 단 하나의 조직으로 된 '단원제'예요. 영국은 양원제를 택했어요. 우리나라의 국회는 단원제 의회죠.

영국의 상원은 왕족이나 귀족처럼 특권 계급의 대표로 구성되고, 하원은 국민이 직접 뽑은 의원으로 구성돼요. 영국의 선거에서는 각 정당에 얼마나 많은 하원 의원이 뽑히느냐가 무척 중요해요. 영국 수상은 하원 의원의 수가 많은 당의 대표가 맡거든요.

영국에서는 하원 의원을 오 년에 한 번씩 선거를 통해 뽑아요. 하원 의원이 되려면 만 십팔 세 이상이어야 해요. 성직자나 법관, 군인, 경찰 같은 공무원은 하원 의원이 될 수 없지요.

영국 하원 의회 회의장에서 의원들이 회의를 하는 장면이에요. 하원에서는 정부의 중요한 예산을 결정해요. 또한 정부에서 낸 법안을 통과시키는 일을 해요.

화가 처칠과 작가 처칠

제1차 세계 대전 때, 처칠은 다르다넬스 작전의 실패로 잠시 정치에서 떠나 있게 되었어요. 매일 우울한 나날을 보내던 처칠은 그림을 그리면서 기분을 달랬지요.

이후에도 처칠은 짬짬이 틈을 내어 그림을 계속 그렸어요. 처칠의 그림 솜씨는 무척 뛰어나서, 프랑스의 유명한 화가 피카소는 다음과 같이 말하기도 했어요.

"만일 처칠이 화가였다면 지금보다 훨씬 사치스럽고 화려하게 살 수 있었을 거야."

그림을 그리는 처칠이에요. 처칠의 그림은 2021년 유명한 경매 회사 크리스티에서 약 일백구억 원에 팔렸을 정도로 가치가 높아요.

처칠은 글솜씨도 뛰어났어요. 평생 동안 『나의 젊은 시절』, 『말버러, 그 생애와 시대』 등 여러 책을 썼지요. 그중 제2차 세계 대전이 끝난 직후 쓴 역사책 『제2차 세계 대전』으로 1953년에 노벨 문학상을 받기도 했어요.

최고의 연설가, 처칠

1940년, 히틀러가 이끄는 독일군이 네덜란드, 벨기에를 점령한 데 이어 프랑스로 향했어요. 이 긴박한 시기에 영국의 수상이 된 처칠은 의회에 나가 국민들을 향해 이렇게 연설했어요.

이 나라를 위해 내가 내놓을 것은 피와 땀과 눈물밖에 없습니다. 우리는 가장

심각한 시련을 앞두고 있습니다.

여러분은 물을 것입니다. 우리의 계획은 무엇이냐고.

나는 대답하겠습니다. 육지에서, 바다에서, 하늘에서 전쟁을 해내는 것이라고.

하느님께서 우리에게 주신 모든 힘과 능력을 다하여 저 괴물 같은 독재자를 상대로 전쟁을 하는 것, 그것이 우리의 계획입니다.

여러분은 물을 것입니다. 우리의 목표는 무엇이냐고.

나는 한마디로 답할 수 있습니다. 그것은 승리입니다. 거기에 이르는 길이 아무리 길고 험해도 승리하는 것입니다. 승리 없이는 생존도 없기에 오직 승리뿐입니다.

자, 함께 갑시다. 우리의 하나 된 힘을 믿고서 다 함께 나아갑시다.

처칠의 연설은 전쟁의 공포에 떨고 있던 영국 국민들에게 감동을 주고 용기를 불어넣었어요. 지금까지도 세계적인 명연설로 사람들 입에 자주 오르내린답니다.

처칠이 거리에서 국민들의 환호를 받고 있는 광경이에요. 처칠은 대단한 말솜씨로 전쟁에 고통 받던 영국인들을 하나로 뭉치게 했어요.

끔찍한 전쟁과 승리의 브이

처칠은 평생 동안 큰 전쟁을 두 번이나 겪었어요. 그리고 두 번의 전쟁에서 모두 큰 역할을 했지요. 제1차 세계 대전 때 처칠은 해군 장관, 군수 장관, 육군 장관을 지냈어요. 제2차 세계 대전 때는 수상으로서 전쟁을 승리로 이끌었고요.

처칠이 수상이 되었을 때 영국은 매일 독일 폭격기의 공격으로 수많은 사람이 목숨을 잃고, 건물과 거리가 파괴되었어요. 처칠은 폭격당한 지역을 찾아가서 연설을 하며 국민들의 사기를 북돋웠지요. 그리고 그때마다 손가락으로 브이 자를 만들어 보였어요.

처칠이 폭격으로 파괴된 곳에서 슬픔과 절망에 빠진 국민들을 위로하고 있어요.

국민들에게 브이 자를 통해 힘든 상황에서도 포기하지 않고 승리하겠다는 의지를 보여 준 거예요.

   승리를 자신하는 처칠의 브이 표시는 전 세계 사람들에게 강한 인상을 주었어요. 이후 브이 표시는 운동 경기 등에서 승리를 자신하는 상징이 되었지요.

브이 자 모양으로 손가락을 치켜든 처칠이에요. 당시 전쟁 소식을 전하던 여러 나라의 신문들에서 브이 자를 만들어 보이는 처칠의 사진을 크게 실었지요.

함께 보면 쏙쏙 이해되는 역사

1874년
영국 옥스퍼드셔에서 태어남.

1895년
샌드허스트 육군 사관 학교를 졸업함.

1899년
남아프리카에서 일어난 보어 전쟁에서 포로로 잡혔다가 탈출함.

1870　　　　　　　　**1890**

1939년
다시 해군 장관이 됨.

1940년
영국 수상에 오름.

1945년
영국 총선거에서 보수당이 패배해 수상에서 내려옴.

1930　　　　　　　　**1940**

1939년
제2차 세계 대전이 일어남.

1941년
미국이 제2차 세계 대전에 참전함.

1945년
제2차 세계 대전이 끝남.

◆ 윈스턴 처칠의 생애
● 제1, 2차 세계 대전의 경과

1900년 처음으로 하원 의원에 당선됨.

1908년 클레멘타인과 결혼함.

1911년 해군 장관이 됨.

1915년 다르다넬스 작전 실패로 해군 장관에서 물러남.

1900 | **1910**

1914년 제1차 세계 대전이 일어남.

1918년 제1차 세계 대전이 끝남.

1951년 영국 총선거에서 보수당이 승리해 다시 수상에 오름.

1953년 『제2차 세계 대전』으로 노벨 문학상을 받음.

1965년 런던에서 세상을 떠남.

1950 | **1960**

추천사

「새싹 인물전」을 펴내면서

요즈음 아이들에게 '훌륭한 사람'이 누구냐고 물으면 '돈 많이 버는 사람'이라고 대답한다고 합니다. 초등학생의 태반은 가수나 배우가 되고 싶어 하고요. 돈 많이 버는 사람이나 연예인이라는 직업이 나쁘다는 것이 아니라, 아이들이 각자가 갖고 있는 재능과는 상관없이 모두 똑같은 꿈을 갖는 것 같아 걱정입니다. 또 한편으로는 아이들이 진정 마음으로 닮고 싶은 사람에 대한 정보가 부족한 것은 아닌가 하는 생각도 듭니다.

어릴수록 위인 이야기의 힘은 큽니다. 아직 어리고 조그마한 아이들은 자신이 보잘것없다고 생각하고 위인들의 성공에 감탄합니다. 하지만 그네들에게는 끝없이 열린 미래가 있습니다. 신화처럼 빛나는 위인들의 모습은 아이들에게 훌륭한 역할 모델이 되고, 그런 삶을 살기 위해 무엇을 어떻게 해야 할지를 알려 주는 밝은 등대가 됩니다.

그렇다면 우리가 어른으로서 아이들에게 권해야 할 위인전은 무엇일까요? 보통 우리가 생각하는 '위인'은 훌륭한 업적을 남긴

위대한 사람, 멋지고 능력 있는 사람입니다. 하지만 시대가 변했으니 아이들이 역할 모델로 삼을 수 있는 위인의 정의나 기준도 변해야 할 것입니다.

그런 의미에서 비룡소의 「새싹 인물전」은 종래의 위인전과는 다른 점이 많습니다. 시리즈 이름이 '위인전'이 아닌 '인물전'이라는 데 주목하기 바랍니다. 「새싹 인물전」은 하늘에서 빛나는 위인을 옆자리 짝꿍의 위치로 내려놓습니다. 만화 같은 친근한 일러스트는 자칫 생소할 수 있는 옛사람들의 이야기를 일상에서 만날 수 있는 재미있는 사건처럼 보여 줍니다.

또 하나, 「새싹 인물전」에는 위인전에 단골로 등장하는 태몽이나 어린 시절의 비범한 에피소드, 위인 예정설 같은 과장이 없습니다. 사실 이런 이야기들은 현대를 사는 아이들에게는 황당하고 이해하기 힘든 일일 뿐입니다. 그보다는 천 리 길도 한 걸음부터, 큰 성공도 자잘한 일상의 인내와 성실함이 없었다면 이루어질 수 없었다는 것을 알려 주는 것이 중요합니다. 세상 사람들의 우러름을 받는 이들도 여느 아이들과 같은 시절을 겪었음을 보여 줌으로써, 아이들에게 괜한 열등감을 주지 않고 그네들의 모습을 마음속에 담을 수 있도록 해 주는 것입니다.

 덧붙여 위인전이란 그 인물이 얼마나 훌륭한 업적을 남겼는가 보여 주는 것도 중요하지만, 얼마나 참된 인간다움을 보였는가를 알려 줄 필요도 있습니다. 여기서 '인간다움'이란 기본적인 선함과 이해심, 남을 위해 봉사할 수 있는 사랑과 배려, 그리고 한 가지 목표를 설정하고 앞으로 나아갈 수 있는 의지와 용기를 말합니다. 성취라는 결과보다는 성취하기 위한 과정을 보여 주고, 사회적인 성공보다는 한 인간으로서 얼마나 자기 자신에게 철저하고 진실했는지를 보여 주는 것이 중요하다는 것입니다.

 하지만 아무리 좋은 가르침도 사랑과 따뜻함이 없으면 억누름과 상처가 될 뿐이겠지요. 「새싹 인물전」은 나의 노력과 의지에 따라 얼마든지 의미 있는 삶을 살 수 있음을 알려 줍니다. 내가 알고 있는 삶 외에도 또 다른 삶이 존재할 수 있다는 것, 꿈을 키우고 이루어 가는 과정에서 배우고 경험하게 되는 것들의 가치, 그런 따뜻함을 담고 있는 위인전입니다. 부디 이 책이 삶의 첫발을 내딛는 아이들에게 좋은 길잡이가 되었으면 하는 바람입니다.

기획 위원
박이문(전 연세대 교수, 철학)
장영희(전 서강대 교수, 영문학)
안광복(중동고 철학 교사, 철학 박사)

● 사진 제공
　48 ~53쪽_ 토픽 포토 에이전시.

글쓴이 **해리엇 캐스터**
1970년 영국 케임브리지에서 태어났다. 열두 살 때 첫 책 『뚱뚱한 고양이 Fat Puss』를 썼다. 케임브리지 대학교에서 역사를 공부했고, 펭귄 출판사에서 편집자로 일했다. 지은 책으로 『안네 프랑크』, 『클레오파트라』, 『헬렌 켈러』 등이 있다.

그린이 **린 윌리**
어린이 책 일러스트레이터로, 인물의 특징을 꼼꼼하고 세밀하게 묘사한 그림으로 명성을 얻었다. 그린 책으로 『마틴 루서 킹』, 『일어날 시간이야 Time to Get Up』, 『요한스와 공룡 Yohance and the Dinosaurs』 등이 있다.

옮긴이 **맹주열**
서울에서 태어나 홍익 대학교에서 영문학 학사를, 연세 대학교 대학원에서 영문학 석사 학위를 받았다. 옮긴 책으로 『달을 먹은 아기 고양이』, 『넌 누구 생쥐니?』, 『칙칙폭폭 기다란 기차들』, 『로버트 스콧』 등이 있다.

새싹 인물전
006
윈스턴 처칠

1판 1쇄 펴냄 2008년 10월 2일   1판 13쇄 펴냄 2020년 5월 22일
2판 1쇄 펴냄 2021년 5월 28일   2판 2쇄 펴냄 2022년 5월 30일

글쓴이 해리엇 캐스터   그린이 린 윌리   옮긴이 맹주열
펴낸이 박상희   편집장 전지선   편집 김솔미   디자인 박연미, 정다울
펴낸곳 (주)비룡소 출판등록 1994.3.17. (제16-849호)
주소 06027 서울시 강남구 도산대로1길 62 강남출판문화센터 4층
전화 영업 02)515-2000 팩스 02)515-2007 편집 02)3443-4318, 9 홈페이지 www.bir.co.kr
제품명 어린이용 각양장 도서 제조자명 (주)비룡소 제조국명 대한민국 사용연령 3세 이상

ISBN 978-89-491-2886-3 74990
ISBN 978-89-491-2880-1 (세트)

「새싹 인물전」 시리즈

- 001 **최무선** 김종렬 글 이경석 그림
- 002 **안네 프랑크** 해리엇 캐스터 글 헬레나 오웬 그림
- 003 **나운규** 남찬숙 글 유승하 그림
- 004 **마리 퀴리** 캐런 윌리스 글 닉 워드 그림
- 005 **유일한** 임사라 글 김홍모·임소희 그림
- 006 **윈스턴 처칠** 해리엇 캐스터 글 린 윌리 그림
- 007 **김홍도** 유타루 글 김홍모 그림
- 008 **토머스 에디슨** 캐런 윌리스 글 피터 켄트 그림
- 009 **강감찬** 한정기 글 이홍기 그림
- 010 **마하트마 간디** 에마 피시엘 글 리처드 모건 그림
- 011 **세종 대왕** 김선희 글 한지선 그림
- 012 **클레오파트라** 해리엇 캐스터 글 리처드 모건 그림
- 013 **김구** 김종렬 글 이경석 그림
- 014 **헨리 포드** 피터 켄트 글·그림
- 015 **장보고** 이옥수 글 원혜진 그림
- 016 **모차르트** 해리엇 캐스터 글 피터 켄트 그림
- 017 **선덕 여왕** 남찬숙 글 한지선 그림
- 018 **헬렌 켈러** 해리엇 캐스터 글 닉 워드 그림
- 019 **김정호** 김선희 글 서영아 그림
- 020 **로버트 스콧** 에마 피시엘 글 데이브 맥타가트 그림
- 021 **방정환** 유타루 글 이경석 그림
- 022 **나이팅게일** 에마 피시엘 글 피터 켄트 그림
- 023 **신사임당** 이옥수 글 변영미 그림
- 024 **안데르센** 에마 피시엘 글 닉 워드 그림
- 025 **김만덕** 공지희 글 장차현실 그림
- 026 **셰익스피어** 에마 피시엘 글 마틴 렘프리 그림
- 027 **안중근** 남찬숙 글 곽성화 그림
- 028 **카이사르** 에마 피시엘 글 레슬리 뷔시커 그림
- 029 **백남준** 공지희 글 김수박 그림
- 030 **파스퇴르** 캐런 윌리스 글 레슬리 뷔시커 그림
- 031 **유관순** 유은실 글 곽성화 그림
- 032 **알렉산더 벨** 에마 피시엘 글 레슬리 뷔시커 그림
- 033 **윤봉길** 김선희 글 김홍모·임소희 그림
- 034 **루이 브라유** 테사 포터 글 헬레나 오웬 그림
- 035 **정약용** 김은미 글 홍선주 그림
- 036 **제임스 와트** 니컬라 백스터 글 마틴 렘프리 그림
- 037 **장영실** 유타루 글 이경석 그림
- 038 **마틴 루서 킹** 베르나 윌킨스 글 린 윌리 그림
- 039 **허준** 유타루 글 이홍기 그림
- 040 **라이트 형제** 김종렬 글 안희건 그림
- 041 **박에스더** 이은정 글 곽성화 그림
- 042 **주몽** 김종렬 글 김홍모 그림
- 043 **광개토 대왕** 김종렬 글 탁영호 그림
- 044 **박지원** 김종광 글 백보현 그림
- 045 **허난설헌** 김은미 글 유승하 그림
- 046 **링컨** 이명랑 글 오승민 그림
- 047 **정주영** 김경완 글 임소희 그림
- 048 **이호왕** 이영서 글 김홍모 그림
- 049 **어밀리아 에어하트** 조경숙 글 원혜진 그림
- 050 **최은희** 김혜연 글 한지선 그림
- 051 **주시경** 이은정 글 김혜리 그림
- 052 **이태영** 공지희 글 민은정 그림
- 053 **이순신** 김종렬 글 백보현 그림
- 054 **오드리 헵번** 이은정 글 정진희 그림
- 055 **제인 구달** 유은실 글 서영아 그림
- 056 **가브리엘 샤넬** 김선희 글 민은정 그림
- 057 **장 앙리 파브르** 유타루 글 하민석 그림
- 058 **정조 대왕** 김종렬 글 민은정 그림
- 059 **나폴레옹 보나파르트** 남찬숙 글 남궁선하 그림
- 060 **이종욱** 이은정 글 우지현 그림

- 061 **박완서** 유은실 글 이윤희 그림
- 062 **장기려** 유타루 글 정문주 그림
- 063 **김대건** 전현정 글 홍선주 그림
- 064 **권기옥** 강정연 글 오영은 그림
- 065 **왕가리 마타이** 남찬숙 글 윤정미 그림
- 066 **전형필** 김혜연 글 한지선 그림

* 계속 출간됩니다.